ES GEHT UM NICHT MEHR ODER
WENIGER ALS UM ALLES.
ICH WILL EINTAUCHEN IN DAS
ERLEBTE, BERÜHRT WERDEN UND
BERÜHREN.
DAMIT ICH ALLES WIRKLICH VERSTEHE,

+ ETWAS VERÄNDERN KANN.

Lena Hällmayer

KLIMA ANGST UND WANDEL MUT

Jaja Verlag

Ich habe das
beklommene Gefühl,
Teil der Katastrophe
zu sein.

Die Klimakrise ist da.
Ich lese jeden Tag in den Nachrichten
davon: Extrem-Wetterereignisse,
Dürre, Waldbrände, Überschwemmungen,
Hunger, Krieg.

So viel Leid und Zerstörung.
Ich spüre Verzweiflung.
Die Krisen multiplizieren sich.
Nichts bewegt sich oder viel zu langsam.

Mein Alltag geht einfach weiter.

Sollte ich, müssten wir nicht alle
unsere Leben ändern?

Bela, mein Kind.
Ich weiß es nicht.

Ich weiß nicht, wie genau

du die Klimakrise
spüren wirst.

Oder ich.

Die Waldbrände,

die Fluten.

Das alles ist schon da.

Sollte ich etwas rigoros ändern?

Ich möchte einfach was tun. Privat oder in kulturellen Bildungsprojekten treffe ich so viele Kinder mit drängenden Fragen und Gefühlen.

Wann genau kommt die Klimakrise?

Gibts auch was Gutes daran?

Müssen bald alle Menschen an einem Ort leben, weil viele Teile der Erde unbewohnbar sind?

WAS passirt mit den tieren?

warum fühlen sich nicht alle verantwortlich?

warum machen die Politiker so wenig?

Wenn die Zukunft so wird, möchte ich lieber in die Selbstmordzelle.

Die nüchterne Aussage von Carolin, der zehnjährigen Teilnehmerin in einem von meinen Workshops im Museum trifft mich hart.

Der gleichaltrige Finn erwidert:

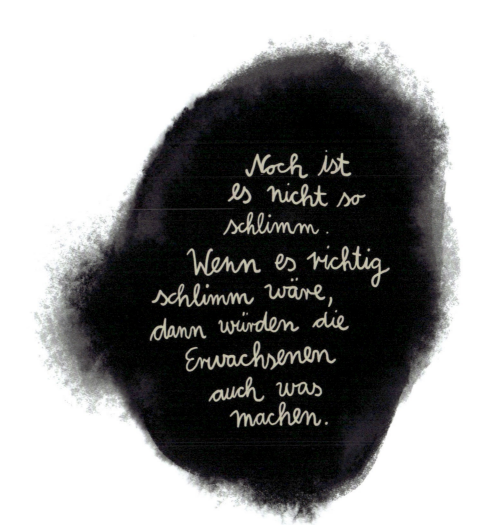

Noch ist es nicht so schlimm. Wenn es richtig schlimm wäre, dann würden die Erwachsenen auch was machen.

Ich gründe eine Klima-Zeichengruppe für Kinder in unserem Wohnprojekt. Wir treffen uns einmal in der Woche zum Zeichnen, Reden oder Aktionen erspinnen.

Die Kinder verbringen jede Woche ein paar Stunden mit Kunst+ Klima. Sie lassen sich auf Gedankenspiele + Experimente ein.

Wir zeichnen

Zukunftsfantasien,

Superheld*innen,

Wie die Stadt mit mehr Grün aussehen würde.

Plakate für den höchsten Klimastreik.

Manche Eltern finden das gut.
Andere machen sich Sorgen.

Gemeinsam erarbeiten wir uns ein Thema nach dem anderen. Wir zeichnen und springen von einer Frage zur nächsten.

Können wir mal so einen Rechner für den ökologischen Fußabdruck ausprobieren?

Hä?

Und wieviele Erden verbrauchst DU?

Wieviele Ressourcen dürfen wir verbrauchen, damit es für alle Menschen auf der Welt reicht?

1,5°C Ziel

Wo landet denn der ganze Müll?

Habe ich noch genug Zeit für meine Träume?

Ich esse kein Fleisch

wegen der Tiere. Ist das gut fürs Klima?

CO₂

Kann man das nicht irgendwie einfangen?

Wie können wir Insekten schützen?

Hey Leute,

Wisst ihr was-

Habt Respekt vor uns Wespen!

Wir dürfen nicht aussterben, denn sonst' stirbt alles!

Wir sind jetzt Botschafterinnen der Wespen im Klimaparlament.

im Meer?

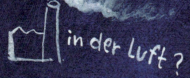

in der Luft?

Was ist eigentlich Kolonialismus?

sigen Haufen außerhalb von Deutschland?

Klimage
Verantwortung
Solidarität!
Kolonialismus,
Rassismus.
Ausbeutung -
das hängt
ALLES zusammen.

rechtigkeit!

Was willst Du da eigentlich? Du wirst aus den Kindern keine Rebellen machen. Die werden keine Revolution starten.

Wer weiß.

↑ Atelierkollegin

↑ ich

Auch für mich ist es ein wahnsinniger Lernprozess. Durchs gemeinsame Verstehenwollen begreife ich selbst immer besser, wie alles zusammen hängt.

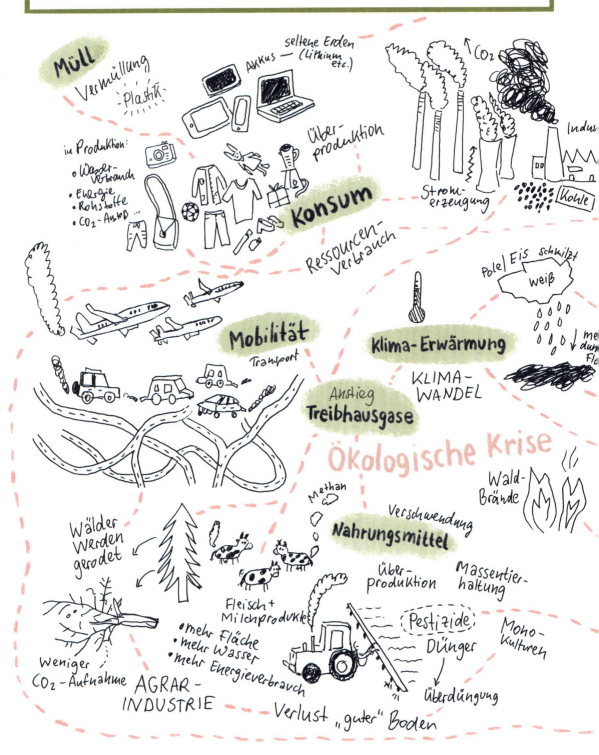

Raubbau an der Natur/Umwelt

Zerstörung

- Verschmutzung d. Chemikalien

Wasser-verschmutzung

CO_2

Fischerei mit Grundschlepp-netzen

Meere

- Erwärmung
- Versauerung

Weniger CO_2 Aufnahme

⇧ Meeresspiegel steigt

Lebensorte gehen verloren

TRINKWASSER-MANGEL

Bau-Stoffe   Heizen

Wohnen

Demokratische Krise

UNGERECHTIGKEIT

Unter den Folgen der Klimakrise leiden manche mehr (♀/Kinder/„globaler Süden")

Die Verursacher sind andere...

Nationalismus
Extremismus
Rückzug ins Private

Spaltung

Soziale Schere

planetare Grenzen

TREIBHAUSEFFEKT

KIPP-PUNKTE

Beschleunigung Klimawandel

Soziale Krise

Hunger   Armut

extreme Wetterereignisse

Hitze   Sturm
Trockenheit   Hochwasser
Dürre

Verlust von Lebensräumen

Konflikte, Kriege

Gesundheits-belastungen

Krankheiten

Ausbeutung

Verlust an Biodiversität

Artensterben

Insekten-sterben

KAPITALISMUS
profitorientiert

PATRIARCHALE STRUKTUREN

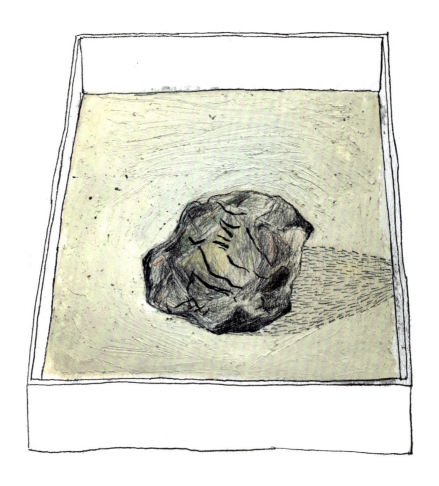

Je mehr wir lesen und recherchieren,
desto größer wird alles.

Auch mein Dilemma ~~wächst~~ wuchert.

Wie kann ich den Kindern
Zuversicht vermitteln?
Wie sie motivieren,
aktiv zu bleiben –
wenn es so große,
scheinbar unlösbare
Krisen sind?

Gestern haben in Frankfurt einige Aktivist*innen die Straßen blockiert.
Sind die alle dumm
Welchen Klebstoff haben sie benutzt?
War das vielleicht
der Mut aus Verzweiflung?

Nach dem Besuch der Ausstellung „Wandelmut" behaupten die Kinder, sie hätten definitiv mehr Mut als Erwachsene. Gemeinsam erfinden wir eine Maschine, mit der während einer Performance den Kindern Mut abgesaugt und als Präparat in Flaschen gefüllt wird. Das Mutagon® plus soll samt Beipackzettel später einigen Politiker*innen überreicht werden.

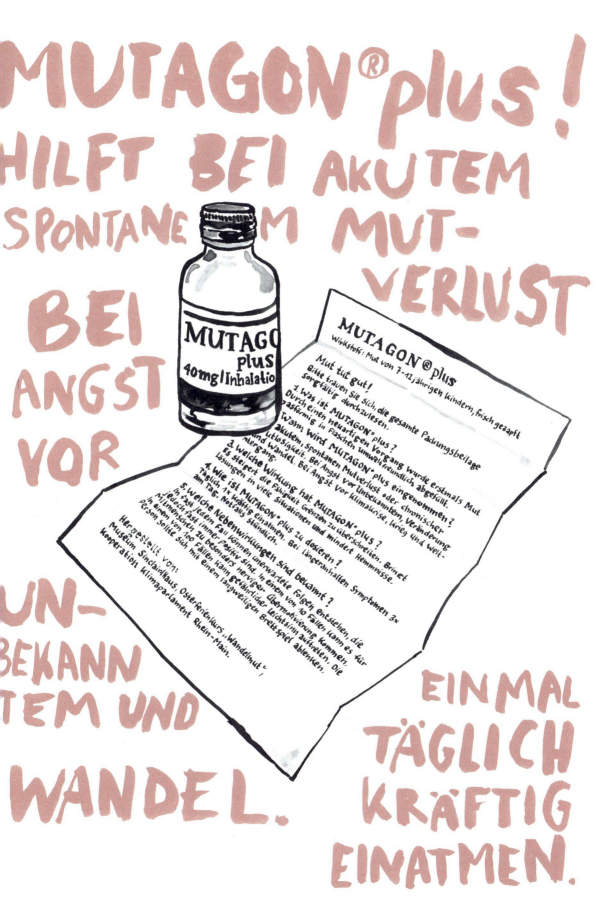

Wir reden über mögliche Veränderungen in unserem Alltag und erstellen eine Liste mit konkreten Handlungen.

• Kauf Second-Hand-Klamotten statt Fast Fashion.

• Viele Dinge lassen sich gut gebraucht besorgen.

• Mehr Reparieren!

• mehr unverpackt einkaufen — Plastikmüll reduzieren.

• Mehr Gemüse, keine Tiere! Am besten regional.

• Mehr Recycling und Selbermachen!

• Duschen statt Baden.

• Bitte kein Essen verschwenden!

• Mehr Radfahren!

• Mach das Licht aus, wenn du gehst.

Wenn es so viele
Möglichkeiten gibt,
weiß ich gar nicht, wo
ich anfangen soll.

Der Zweifel
schluckt mich.

Ich kann zeichnen und Kunst
mit menschen machen
und ich habe eine gewisse
Beharrlichkeit.
Also mache ich weiter.

DAS ZEICHENPAPIER IST EINE BÜHNE

Wer spielt beim Klima-Drama alles mit?

Eisberge (schmelzen)

Kühe (püpsen, rülpsen)

Schiffe

Mit 24 Kindern zeichne ich auf eine riesige Papierbahn alles, was wir über die KlimaKrise wissen.

Es ist schön.
Doch am Ende : Zerstört.
Ein Mädchen weint.

Ich kann die Enttäuschung
kaum ertragen.

Heute erst ist mir klar geworden,
dass meine Annahme nicht
aufgeht.

Ich suche nach den Klima-Stimmen
von Kindern und erwarte immer Angst
und Traurigkeit. Aber manche
Grundschüler*innen haben solche
Klima-Gefühle noch gar nicht.

Sie wissen noch zu wenig davon.

Sie sind fast ahnungslos.

Ist es meine eigene Klima-Angst,
die ich mit diesem Projekt
bekämpfen will?

Instrumentalisiere ich die Kinder?

ZERMÜRBT
DIE RATLOSIGKEIT ~~DURCHLEUCHTET~~ MICH.

macht ihr euch Sorgen?

Never ever!

Die Welt
ist ja schon gekippt
worden.

Am 2. September wollen wir in der Klima-
zeichengruppe einen Film schauen:

ALBATROSS

Einige Eltern haben Bedenken.

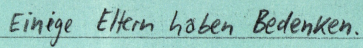

Wieso sollen
die Kinder
einen Film
gucken, der
so traurig ist?

Was soll das
bringen?

Meine Kinder sind nach so
was immer so redebedürftig.
Ich habe ehrlich gesagt,
keine Kapazitäten
über so was
zu sprechen.

Vier von acht Kindern kommen
nicht zum Film. Schade.

Warum
habe ich das
vorher über-
haupt zur Sprache
gebracht - anstatt
auf meine pädagogische Kompetenz zu
vertrauen - und auf die kraft
der Gruppe?

Im Film werden tote und sterbende...

...Albatrosse gezeigt – und jede Menge andere anrührende Bilder.

Ich bin so traurig geworden, als die Mutter das Küken

mit Plastik

gefüttert

hat.

Ich fahre auf ein Klima-Bildungs-Seminar, um mich mit Kolleg*innen auszutauschen.

Eine lehrerin äußert sich sehr klar.

Ich will meinen Schüler*innen nicht vermitteln, dass sie fürs Klima verantwortlich sind.
Sie sind es nicht.
Ihre Generation ist es nicht.
Und nun sollen sie sich aktiv einsetzen?

Sollte ich also mehr mit „RICH KIDS" arbeiten?

...weil die später viel Einfluss+ Macht haben werden?

... oder sogar heute schon ihre Eltern überzeugen könnten?

Nö. Ich steige in kein Flugzeug mehr. Kreuzfahrt könnt ihr auch vergessen.

Irgendwann will meine eigene Zeichengruppe nicht mehr.

Kommst Du mit, Momo?

Nö.

Ich muss heute chillen, Mama.

Die Kinder werden zu Jugendlichen, kommen immer seltener, entwickeln andere Interessen.

Irgendwie haben sie ja einfach das Recht auf Pubertät, auf Quatsch machen und sogar auf diese-unnützen-Dinge-im-1€-Shop-Kaufen.

Ich will nicht, dass sich meine Kinder Sorgen machen oder immer das Gefühl haben sich falsch zu verhalten. Sie haben ein Recht voll Leichtigkeit in die Zukunft zu leben.

Ich will selbst auch am liebsten
mal chillen, unbedarft leben.

Ich bin neidisch auf die anderen Erwachsenen, die es einfach noch können. Auch in unserem nahen Umfeld, im Freundeskreis, gibt es nach der Pandemie immer mehr Menschen, die Flugreisen unternehmen.

„Es muss ein Flugverbot von der Politik her! Sonst fliege ich weiterhin einmal im Jahr nach Portugal."
sagt mein Freund Miro.

Ich höre immer wieder von „Flugscham". Doch bei mir ist es ausgewachsene Verzweiflung, die mir das Fliegen verbietet.

Zum Glück geht Urlaub machen auch ohne Flugzeug.

SOMMER

Ich fahre weg
und lasse alle
KRISEN-Gedanken
zurück.

Anfang 14.07. ⊗ Ende 14.08. ⊗

Hallo,
Ich bin bis zum 14.08. in der Sommer-
pause und lese nur unregelmäßig
meine Emails.
Ich werde Dir / Ihnen nach meiner
Rückkehr antworten.

Herzliche Grüße
Lena Hällmayer

✓Fertig

Es gibt nichts, das mich mehr beruhigt als allein durch den Wald zu streifen.

Im Schwarzwald ist das weiche Moos wie ein Bett. Ein Polster für meinen Körper und meine Gedanken.

Doch dieses Jahr knirscht es unter meinen Füßen. Es hat seit Wochen nicht geregnet.

Einen Monat später wird mir Andrea vom Bauernhof im Schwarzwald schreiben:

Hallo Lena,
Hier regnet es immer noch nicht! In der ganzen Region ist jetzt so ein Futtermangel entstanden, dass es nicht für alle Tiere über den Winter reichen wird.

Wir mussten heute 6 Milchkühe verkaufen. Das ist ein Fünftel der Herde. Wir sind alle geschockt.
Aber es ging nicht anders.

TIPPS

von hitzeerfahrenen Freundinnen

Quell Wasser 5l

● einen Trinkwasser-Vorrat ins Auto packen!

● Viel trinken, nicht zu kalt!

● Vielleicht kommt nicht immer Wasser aus der Leitung. Deshalb: immer so viele Gefäße wie möglich füllen!

● Sonnenhut!

● Räume verdunkeln, aber Luftzug!

● Viel trinken, Schön kalt!

Plastikflasche (½ mit Wasser gefüllt) einfrieren = riesiger Eiswürfel

Als die Löschflugzeuge Kommen

Kann ich meine Unruhe nicht mehr zurückhalten.

Ich möchte Distanz

zu dem Feuer haben.

Wenn der
Klimawandel
zu schlimm
wird,
dann wird
alles
vertrocknen,
sogar
wir.

Das Glühen des Waldbrands
von unserer Terrasse aus gesehen.

Egal
wo ich bin.
Sie ist überall.
Die Klimakrise
verfolgt mich.

Wieder zu Hause denke, lese, zeichne ich weiter. Je mehr ich lese, desto schlimmer wird es. Es geht alles viel zu langsam und es ist so viel zu tun!
Die Gefühle stauen sich.

was ist denn los?

Es ist nichts Konkretes. Ich bin einfach so traurig über all das...

Was muss ich tun, damit das Gefühl von Distanz + Unverständnis zu meinen Freunden nicht in Verachtung kippt?

Ich bin so wütend!

Wütend über die vielen Pakete des Online-Versandhandels, die täglich in unser Haus gespült werden.

Wütend über alle, die mit ihren vielen Autos die Stadt verstopfen.

Wütend über Menschen, die mir immer wieder sagen:

„Auf das Klein-Klein kommt es nicht an. Diese Geschichte, dass viele kleine Leute die Welt verändern ist naiv. Die Großen. Die Industrie. Die Reichen. Auf die kommt es an."

ICE HAMBURG - FRANKFURT (alleine, Zeit zum Denken.)

Ich glaube das nicht. Ich möchte das nicht glauben.

Unreflektierter Konsum geht für mich einfach nicht mehr.

Im Zug ist heute nicht viel los.

Ich beobachte die Familie in meiner Nähe. Sie haben wohl noch eine längere Reise vor sich.

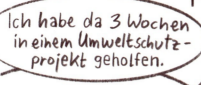

Ich habe da 3 Wochen in einem Umweltschutz-projekt geholfen.

Da war alles voll dreckig.

Also haben wir den Leuten vor Ort Mülltrennung beigebracht.

Wie toll von Dir!

Wir machen einfach nur Urlaub. La Palma ist uns jetzt zu kalt...

... Und wir brauchen mal wieder was richtig Schönes für die Seele. Wir fliegen nach

Wir durften das Hotel aus-suchen: Es liegt mitten im Dschungel!

Und es hat ein Fitness-Studio. Da können wir jeden Tag aufs Laufband.

Mama, mir ist langweilig. Darf ich jetzt das Sushi essen? Darauf hab ich voll Bock.

Und ich hätte gern einen Kaffee.

Na klar! Wir haben doch genug.

Es gibt auch noch

Kekse

Kakao

Mett-Brötchen

Thunfisch-Sandwich

Snack-Tomaten

Joghurt

Smoothie

Schokolade

In 6 Stunden sind wir auf dem Flug nach Mauritius. Bis dahin muss alles gegessen sein.

Habe ich das Recht was zu sagen?

Was würde ich denn sagen?

Ich will nicht überheblich sein.

Ich kenne die Familie ja gar nicht.

Aber wir fahren doch im selben Zug.

Wie kann unsere menschliche Verdrängungsleistung so weit fortgeschritten sein, dass wir uns so wenig Gedanken machen über globale, soziale und Gerechtigkeit für die nächsten Generationen?

Ja.

Ich bin mir sicher:
Auch Kleine
Veränderungen
bewirken etwas.

Aber Lena. Es macht wirklich keinen Sinn, wenn wir uns gegenseitig Vorhaltungen machen. Wir müssen zusammen arbeiten und uns dem „Großen" widmen!" sagt mein Freund Miro als ich eine gemeinsame Freundin kritisiere. (Sie ist gerade zum Entspannen für ein Wochenende nach Barcelona geflogen.)

Die Wut blubbert immer mehr in meinem Bauch, doch ich halte sie zurück.

Miro ist einer meiner engsten Freunde. Auch ihm ist die Zukunft der Welt ein Anliegen und er arbeitet mit großen Institutionen an Transformationsprozessen.

Vielleicht trifft mich gerade deshalb seine Kritik besonders hart?

Ich wünsche mir, dass wir gemeinsam an einem Strang ziehen und noch mehr Menschen mitmachen.

Vielleicht ist das was für Dich?
Wut! Eine spielerische Auseinder-setzung
Ein Theaterworkshop mit Raum für eines der tabuisier-ten Gefühle unserer Gesellschaft.
Ja. Ich melde mich sofort an.

An 7 Dienstagabenden widmen wir uns in der Gruppe dem Spiel mit der Wut in allen Facetten.

DIE WUT
IST EINE STIMME

Die Wut ist hässlich, aber es ist ihr egal.

Die Wut zögert

nicht.

Geh umher. Schließe deine Augen und spüre deinen Körper.
Wie ist sie?
Deine persönliche Wut, die du gerade trägst?

Ich sehe es genau vor mir:

Da ist ein Knäuel.
Eine Verdichtung.
Eine Konzentration.
Es wabert weich
und pulsiert,
Ist nur reiner Körper.

Sie ist das Innere.
Die suchende Bewegung,
ein Nest voller Schlangen.

Und ab und zu ertönt
ein hoher, schriller
Ton.

Sie ist wohlig warm.

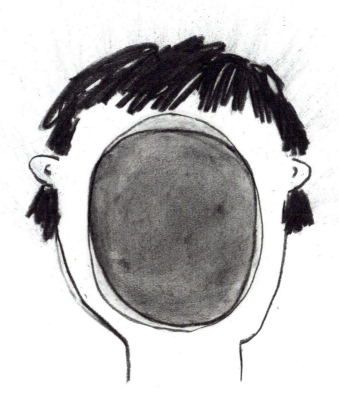

Du darfst dich der Welt zumuten, so wie du bist.

Das sagt Florentine, die das Theaterprojekt leitet, am Schluss zu mir.

Die Wut ist nicht nur belastend.
Sie treibt mich auch an, hält mich in Bewegung,
damit ich weiterkomme.

„Wut ist die Energie, die uns zwingt zu definieren,
was gerecht ist und was ungerecht" lese ich
in einem Text von Ghandi.

"Ich habe ganz viele Bananen + Schokolade gerettet. Wollt ihr was?"

"Na Klar! Ich Komme gleich mal rüber."

Elena ist eine Nachbarin aus unserem Wohnprojekt.

Sie Kauft nie etwas Neues.

Sie besorgt sich die Dinge gebraucht - selbst das Essen.

"Hast du eigentlich Lust auch bei foodsharing mitzumachen?"

Ich lasse mich anstecken.

Wir setzen uns mit foodsharing aktiv gegen Lebensmittelverschwendung ein.

Viele Lebensmittel werden aussortiert, obwohl sie noch gut sind.

Manches sieht einfach nicht mehr ganz frisch aus

und anderes kommt nur weg, weil die Saison gerade vorbei ist.

Wir retten all diese Sachen vor der Tonne!

Damit ich selbst „Foodsaverin" werden kann, nimmt mich Elena zu einer ersten Abholung in eine Bio-Bäckerei mit.

Zu viert packen wir all das ein, was an dem Tag nicht verkauft wurde.

Zuhause breite ich meinen „Anteil" auf dem Küchentisch aus.

Es ist **SO** viel.

Krass.
So viele leckere
Sachen, Mama!

Bist du
sicher – wäre
das wirklich alles
weggeschmissen
worden?

Wieso
wird denn so eine
große Menge zu
viel produziert?

Ich kannte schon Bilder von Lebensmittelverschwendung.

Doch jetzt erst begreife ich, was es bedeutet.

Ich kann den Berg Brot förmlich spüren.

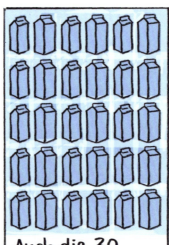

Auch die 30 Liter Milch meiner nächsten Abholung.

Oder die zubereiteten Speisen vom Restaurant.

Die Masse erschlägt mich.

Alle Menschen, denen ich etwas gebe, freuen sich.

Ich bin jetzt tatsächlich verantwortlich, das alles zu verteilen.

Die Masse erschlägt mich

Diese Masse! von ALLEM.

Da hängt so viel dran. Rohstoffe. Energie.

Jede Menge Ressourcen, die schon in der Produktion verbraucht wurden:

Beim Anbau und der Tierhaltung,

durch Transport, Weiterverarbeitung + Verpackung...

noch mehr Transport, Lagerung und Kühlung.

So wird z.B. für die Herstellung von 1 Liter Milch **1000** Liter Wasser benötigt.

Für meine 30 L gerettete Milch wurde also ungefähr ein Tanklaster Wasser verbraucht.

Weil ich mit Bela für die Schule gerade erst

den Anbau von Litschis recherchiert habe,

muss ich noch an andere Ressourcen denken:

Die Leben, die Zeit, die Körper von Menschen.

Das Brot wurde gebacken vielleicht mit den Händen,

die Litschis geschleppt auf Schultern, die schon so viel getragen haben.

Und für die Bananen atmeten Nasen Pestizide ein, zum Teil viele Stunden am Tag.

Was ist mit all diesen Werten am Ende des Tages?

Ha! Diesmal werden sie nicht in die Tonne getreten!

Ich hab ganz viel Essen gerettet - möchtet ihr davon was haben?

Es ist ein schöner Abend.

Immer wieder klingeln Nachbar*innen an der Tür.

Nehmt mit!

Das Meiste wurde hur aus- sortiert, weil es einfach zu viel gibt.

Wir teilen Lebensmittel - verarbeitete Ressourcen -

Und am Ende des Tages vielleicht sogar Begeisterung.

Lena, würdest Du mir helfen, wenn ich mich auch bei foodsharing anmelde?

Ich fahre jeden Tag
an einer öffentlichen
Tauschbox vorbei.

Was wohl die
Geschichten dieser
Dinge sind?

Es beginnt mir Spaß zu machen:
Ich fische viele gute Klamotten
hervor - für mich, meine
Kinder, die Kinder
meiner Schwester -
und freue mich
über immer
mehr
Zufalls-
Fundstücke.

Knallpinke
neue Turnschuhe,
genau meine Größe

Wunderschöne
alte Uhr
aus
Keramik

Glitzer
pulli

5 Rollen
Klebe-
band

Gummi-
stiefel
für meinen
Garten

eine
Kiste Buntstifte für
meine Workshops

gleich 3
fast neue elektrische
Zahnbürsten

Der
Stuhl,
auf dem
ich
gerade
sitze

Was für
ein Glück
ich habe!

Kerzen, verschiedene
Zustände

Manche Dinge kommen wie von selbst zu mir.

Lena, was ist das?

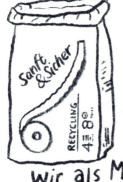

Na, die Klorollen-verpackung können wir als Müllbeutel benutzen!

Mama, soll ich heute Müsli mit in die Schule nehmen?

Nee, da ist dein Pausen-brot drin. Die Tüte war noch voll gut!

Und was ist damit?

Kerzenreste zum Einschmelzen.

?

Seifen-reste zum Waschen.

??

Die kann ich im Atelier als Farb-Palette verwenden!

Altpapier?

Geschenkpapier!

Das sind die sortierten

Geschenkbänder der letzten Jahre. NICHT wegwerfen!

Sogar die Nachbarn bringen mir ihre alten Dinge...

Am nächsten Tag vor der Tür:

eine Tasche voll mit getrocknetem Laub.

Was heute da ist:

•cooles Shirt, das meine Nachbarin aussortiert hat.

(ziehe ich heute Abend zum Konzert an.)

• hat der Supermarkt aussortiert
(wird später Ofengemüse)

Wie sehr bin ich gewohnt,
Vieles, was ich haben will,
einfach zu kaufen.

Wenn ich Lust auf
Erdbeeren habe, kann ich
sie mir (im Februar)
im Laden holen
- oder auch mal grade so
im Internet bestellen.

3,49 €
Erdbeeren 300g
(Marokko)

Wie absurd ist dieses System.

Ich will versuchen, viel mehr um Hilfe zu fragen.

Hat vielleicht jemand von Euch noch einen Rest weißen Lack übrig?

Wie absurd ist dieses System, dass wir die Dinge meistens lieber schnell selbst kaufen.

→ weiß

(Wo sie doch vielleicht bei anderen ungenutzt im Keller rumstehen.)

Wie absurd ist dieses System: Der nachhaltige Umgang mit Ressourcen ist oft umständlicher, teurer + schwerer zugänglich als der schnelle Konsum.

Wie gut :
Mein Alltag, meine Gewohnheiten
verändern sich langsam, aber stetig.

Aber : Ist das genug ?

Ich weiß, dass die Politik, das
ganze System sich ändern müsste.
Das Zeitfenster der notwendigen
starken Reduktion von CO_2 liegt in
den nächsten Jahren.
Sollten wir also nicht alle unsere
verfügbaren Energien JETZT
einsetzen ?

Sollte ich besser eine richtige
Aktivistin werden ?
Sollte ich mich radikalisieren ?
Mich so für die Veränderungen im
Großen einsetzen ?

nach dem Zeichnen
habe ich im Park eine
Nachricht hinterlassen. –
mit einem Rest Farbe.
(Gouache, wasserlöslich)

15.9. KLIMASTREIK

Kommt alle!

Als der
erste Mann mit Hund vorbei
kam + mich streng anguckte, habe
ich erst begonnen, es mit Spucke
abzuwischen. Hab es dann doch
gelassen und bin schnell weggerannt.
So viel zu meiner Eignung
als radikaler Aktivistin...

Mal wieder
ziehen mich
Zweifel +
Traurigkeit
tief hinab.

ICH WILL DIE HOFFNUNG
IN DIE MITTE STELLEN.

DIE BEGEISTERUNG
FÜR DAS MÖGLICHE SPÜREN.

Kann ich mir die Hoffnung erzeichnen, die Zuversicht und den Mut?

Es vergeht Zeit.

Zeit, in der ich manchmal einfach nur da sitze.
Ich bleibe hier und halte aus.

Den Schmerz.
Die Ratlosigkeit.
Die Gefühle neben mir
und um mich herum.

Ich möchte der Traurigkeit
Raum geben.
Am Liebsten würde ich
mit Euch gemeinsam trauern.
Um das, was wir
unwiederbringlich verlieren.

Das, was nicht wieder wächst.

Irgendwas passiert.
Ich lasse etwas los.

Ich lese den gleichen Satz,
den ich in anderer Form.
Schon oft gehört habe:

Die
Veränderungen
werden
in jedem Fall
kommen.

Ich weiß, das es stimmt.

Wird auf das Vergehen

auch etwas Neues folgen?

20.1. Schnee! Alles verzaubert.
Ich staune und fühle unbändige Freude.

Der Trost der Schönheit

Geht es etwa um Abschied
und Neuanfang gleichzeitig?

Wenn wir den Wandel für unsere
Kinder, für die Zukunft wollen,

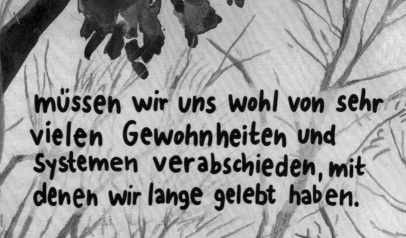

müssen wir uns wohl von sehr
vielen Gewohnheiten und
Systemen verabschieden, mit
denen wir lange gelebt haben.

Mir das Negative auszumalen fällt mir sehr leicht.
Ich kann spitzenmäßig katastrophisieren.

Was wäre, wenn meine Vorstellungskraft für
das Gute genau so stark ausgeprägt
wäre?

Oh Mensch, das sagen doch längst so Viele:
„Lasst uns mehr positive Zukunftsvisionen
entwerfen." Denn die brennen sich genau so
stark in unser Denken und Fühlen ein wie
die ganzen Krisenbilder aus den Nachrichten.

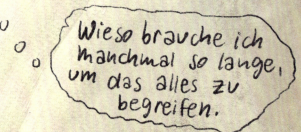

Wieso brauche ich
manchmal so lange,
um das alles zu
begreifen.

Ich will nichts beschönigen
und die Krise nicht ignorieren.
Doch:

Wenn wir uns eine positive Veränderung
vorstellen, verändert sich tatsächlich
die Wirklichkeit!

Die Welt, unsere Gesellschaft, alles wird sich in jedem Fall verändern. Die Frage ist nur, wie wir dabei mitwirken.

Der Wandel also: By design or by desaster?

Wir alle sind wirkende Wesen.

Maja Göpel nennt es „WIRKS". Das Wort gefällt mir.

Das heißt: Wir alle können etwas verändern.

Komplexe Probleme können nicht einfach gelöst werden. Alles ist irgendwie mit allem verbunden.

Heißt auch: Es gibt viele Stellen um mitzuwirken.

Helge repariert alles.

Doreen erzählt begeistert von ihren Reisen mit Rad + Bahn.

Heide stellt ihren Betrieb auf ökologische Landwirtschaft um.

Deine Stimme für: mehr Veggie-Days!

Yunes + Karim setzen sich für weniger Fleisch in der Mensa ihrer Schule ein.

Valentin bringt als Berater große Unternehmen dazu ihre soziale + ökologische Verantwortung zu reflektieren.

Es gibt nicht nur Klima-Kipppunkte

Es gibt auch soziale Kipppunkte. Das macht mir Mut.

1955 USA

Die Vergangenheit hat gezeigt

Du musst die ganze Reihe frei machen. Es will ein weißer Fahrgast sitzen.

Nein.

Rosa Parks

Wie zu einem passenden Zeitpunkt die Aktion einer einzelnen Person

(Montgomery bus boycott)

der sich mehrere andere Menschen

PUBLIC SCHOOLS — JOBS FOR ALL NOW — EQUAL RIGHTS NOW — VOTING RIGHTS NOW

+ irgendwann viele anschließen

BÜRGER RECHTS GESETZE

§ CIVIL RIGHTS ACT
VERBOT VON DISKRIMINIERUNG (HAUTFARBE/GESCHLECHT/RELIGION/HERKUNFT)
1964

etwas Großes bewirken kann.

Es braucht die Ersten, die Mutigen, die mit einer Vision oder Überzeugung in die Mitte treten.

Genauso wichtig aber sind die Follower – diejenigen, die mitmachen.

Wirklichkeit entsteht aus unser aller Zusammenwirken.

Wenn eine gewisse Schwelle übertreten wird,

Kann soziale Ansteckung zu abrupten oft unumkehrbaren Veränderung führen.

So kann plötzlich die öffentliche Meinung und danach das politische Handeln kippen.

Tatsächlich reicht schon ein verhältnismäßig kleiner Teil der Bevölkerung um umfangreiche Veränderungen anzustoßen.

Irgendwie doch irre, diese Bücher:
Ob ich mir die Zuversicht reinlesen
kann?

Je mehr ich lese,
desto besser
wird es.

Eine andere Person hat da
all ihre Begeisterung reingekippt,
sie in Worten fest geschrieben.

Und ich
lese sie mir
jetzt wieder
aus dem Buch
heraus.
Löse die
Buchstaben
und lasse mich
stärken.

Erst zieht sie
langsam auf.
Ein feiner Hauch.
Eine Ahnung.

Sie besetzt Leerstellen.
Dann wird es ein Getöse,
eine laute Stimme,
die in mir etwas zum Klingen
bringt.

Sie zieht etwas hoch,
das wieder wächst.

Ich versenke mich,
denke mit und folge
dem Gedankengang
der Autorin.

Etwas, das tief
in mir drin
war und nur
gewartet hat.

Es ist
schon
lange
dort.

und ich weiß
auch, wer es
mir gegeben hat.

Irgendwie **doch irre**, das Zeichnen.
Je mehr ich zeichnend denke, desto
Klarer wird es.
Mir fällt alles wieder ein.
Ich finde sie **wieder**.

meine Oma

mit ihrer Menschenliebe
und ihrem tiefen Glauben

Der
kröten
krieg
von
Selkar

die Bücher

Umweltbücher
für Kinder

Sie sind die Antwort auf meine Frage,
woher die Zuversicht + die Überzeugung
nehmen. Durch sie wurden Samen
gesetzt, die immer wieder aufgehen.

mein Vater

ein Öko, Energieberater, Naturpädagoge

entschuldigt mich, wenn ich nicht in die Schule, sondern zur Demo gehen will – und fährt mich noch hin.

Gewerkschafts-Arbeit

der Garten, das Draußensein.

Keine Flugreisen

Seine lauten Zwischenrufe (waren mir peinlich.)

meine Mutter

Gemüse-Kiste, Vollkornmehl, Öko-Wasch-mittel

Handwerk + selbermachen

das Haus + die Wohngemeinschaft

die politischen Diskussionen, das Hören von anderen Stimmen, gemeinschaftliche Werte

Die Demos (gegen Gen-Acker / Anti-Atom! für Frieden)

meine Schwester die das gleiche Zuhause hat.

FÖJ

meine Freund*innen + Weggefährten

in der Schule + im Studium

Bildung ist schon ein großer Hebel, oder ?

In meiner Kindheit fanden die Bildungsprozesse in Diskussionen und auf Demos statt. Mein Vater hat sich beruflich und politisch für Umweltschutz engagiert und mich oft mitgenommen.

Die Bildung fand aber auch am Küchentisch und überhaupt im Haushalt statt. Den wertschätzenden, sorgfältigen Umgang mit Lebensmitteln & Dingen habe ich von meiner Mutter und meiner Oma gelernt. Das Kochen, das Selbermachen, das Reparieren, das Zuhören, die Fürsorge.

Irgendwie ging es immer um das kleine Konkrete + die großen Zusammenhänge gleichzeitig.

Warum überlege ich überhaupt, was mein „großer Hebel" ist?

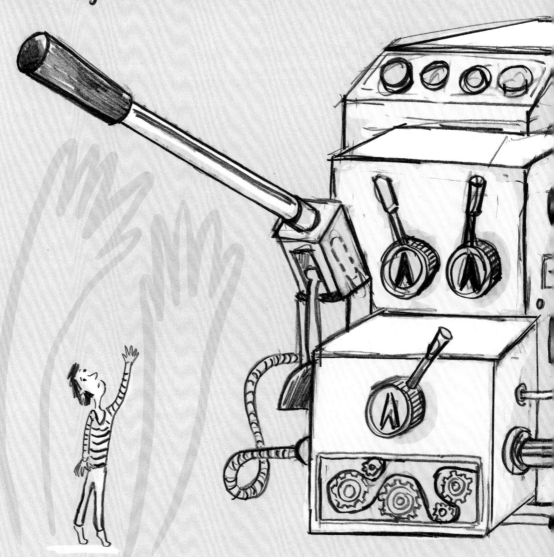

Irgendwie stört mich dieses Bild grundsätzlich. Es ist so starr.

Der große Hebel so unerreichbar.

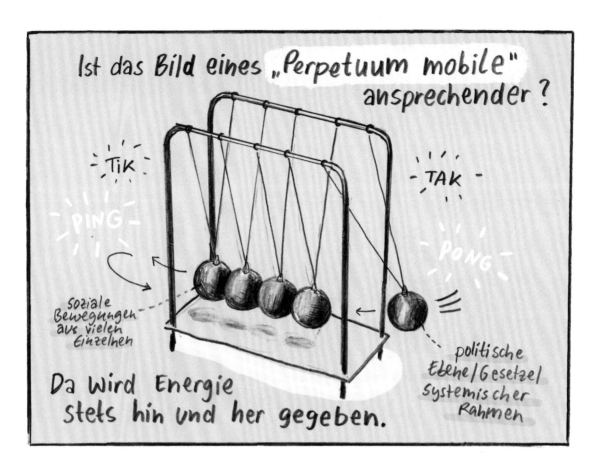

... Doch ein organisches Bild? Was ist mit Samen, die wir säen, die immer weiter wachsen und sich verbreiten?

... oder passt das Bild eines Geflechts, in dem wir alle verbunden sind...

... und Anknüpfungspunkte haben.

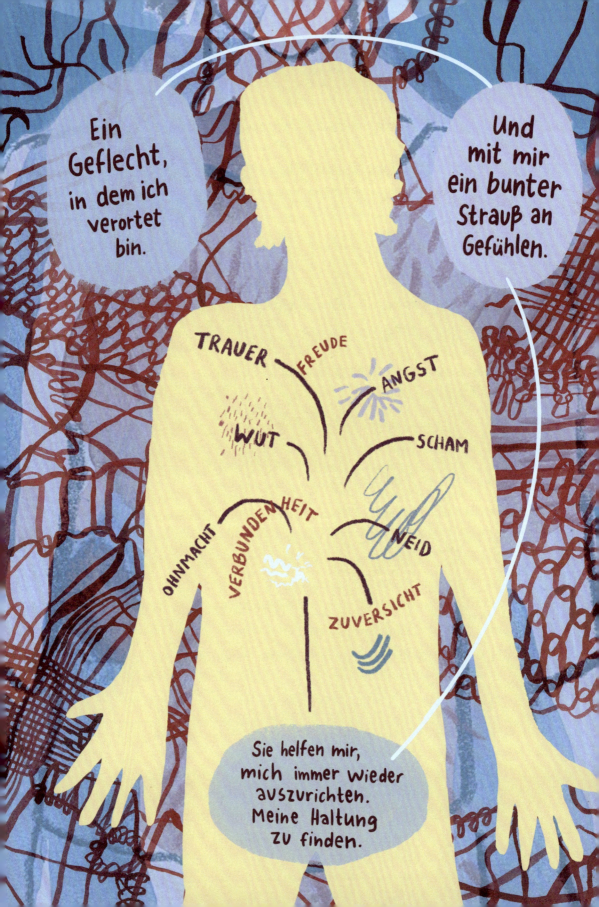

Ich habe meinen Platz gefunden, bin Teil des Gewebes – und kann mit meinen beiden Händen an viel mehr Fäden ziehen als ich dachte.

Und ja, bei den naheliegenden Dingen in meinem Alltag anzufangen war sehr sinnvoll für mich. Es war leicht etwas zu verändern und hat als sich selbst verstärkendes System gewirkt.

Fast wie eine Einstiegsdroge zum Aktivismus und für immer mehr Fragen an mich selbst.

Welche Dinge brauche ich wirklich?

Wie kann ich noch mehr von meinen Gewohnheiten, Bedürfnissen, Gedankenstrukturen, die in unserer Welt so stark auf Konsum geprägt wurden, verlernen?

Die Bildung ist für mich auf jeden Fall ein dicker Zopf.

Noch dazu einer, der mir Spaß macht.

Ha!

Die Klimakrise ist schon da. Aber es lohnt sich, gegen jedes Zehntel Grad Erderwärmung zu kämpfen.

In Bildungsprozessen können wir Menschen darin unterstützen resilienter zu werden. Wir können gemeinsam solidarisches Handeln üben.

UND DAS BESTE IST:

ICH BIN NICHT ALLEIN MIT DIESEN GEFÜHLEN.

Da sind so viele Menschen,
die auch auf der Suche nach Antworten sind.

Vielleicht wollen wir nicht genau dasselbe,
aber wir wollen in die gleiche Richtung.

Da sind so viele Menschen, die auch neue Fäden knüpfen. Wir zeichnen, schreiben, reden, verhandeln, streiten, erfinden, untersuchen, ackern, engagieren uns auf vielen verschiedenen Wegen für einen sozial-ökologischen Wandel.

Ich glaube fest daran:
Immer mehr Muster werden sich ändern,
wenn wir an vielen Stellen weben.

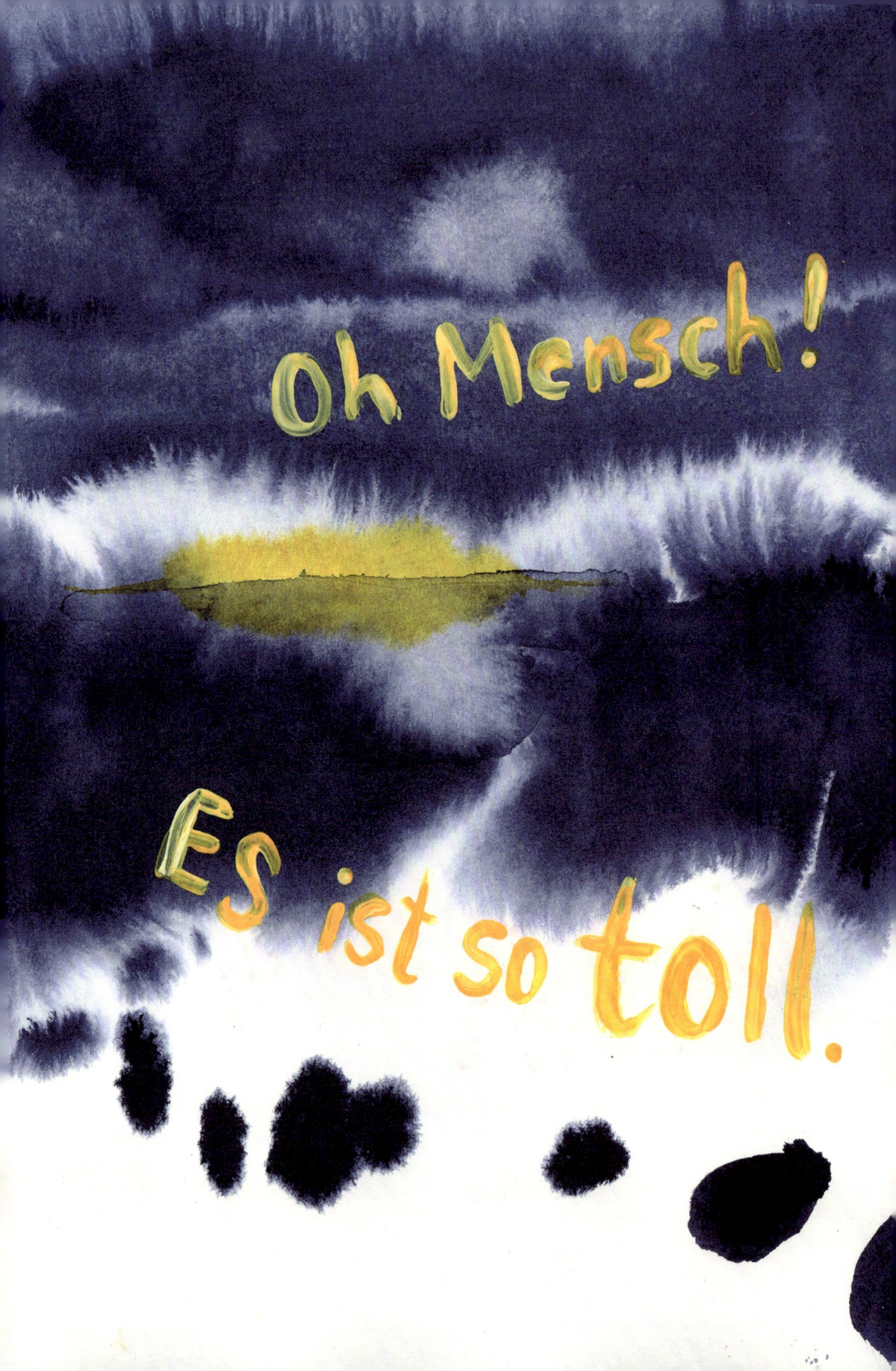
Oh Mensch!
Es ist so toll.

So toll,
zu merken,
was sich alles
verändern
lässt.

Im Kleinen,
ganz konkret

– und wie
es dann
immer weiter
schwappt.

Ich bin <u>so</u> froh.

Und du?

Machst du mit?
Und wo treffen wir
uns?

Lieber Bela,

Ob wirklich demnächst die Welt untergeht,
hast du mich gefragt. Ich schulde dir
noch eine Antwort. Hast Du sie in diesem
Buch gefunden?

Lieber Momo,

auch für dich sind all die Zeichnungen
– und dieser Brief.

Die Veränderungen werden in jedem Fall
kommen. Ich bin traurig und wütend
und habe manchmal Angst deshalb.
Ich weiß selbst nicht genau, wie sich alles
entwickelt und was das konkret hier für
uns bedeuten wird.
Ich sehe, dass Menschen - besonders die
Kinder - in anderen Regionen der Welt
schon heute stark unter den Folgen des
Klimawandels leiden. Und ich kann nicht
die Augen davor verschließen.
Was ich aber sagen kann: Dieses große
persönliche Privileg, hier im Globalen
Norden in eine tolle Familie hinein
geboren worden zu sein, nutze ich und
setze mich auf vielfältige Weise für den
sozial-ökologischen Wandel ein.

Ich möchte Euch darin unterstützen,
zu Menschen heranzuwachsen, die
wissen, wie wichtig Hilfsbereitschaft und
Zusammenhalt sind.
Die den Geruch von Erde kennen und
die wissen, wie es sich anfühlt zu
wachsen.
Die improvisieren können und mit
Kreativität und Vorstellungskraft
Möglichkeiten schaffen.

Ich will Euch beiden vorleben, dass es
nicht die materiellen Dinge sind, die
uns glücklich machen.
Sondern die Momente, in denen wir
Verbindung spüren.

Vielleicht werden wir es gemeinsam
im Radio hören:
»Immer mehr Menschen machen mit.
Es ist das WIR um das es geht.
Das gute Leben für ALLE als Ziel.
Es ist genug für alle da.«

Ich freu mich schon!

Eure Lena

Es gibt inzwischen sehr viel Literatur zur Klimakrise, jede Menge Websites und Instagram-Accounts. Das hier ist ein kleiner Ausschnitt, eine unvollständige Liste mit Büchern oder Filmen, die mich im Verstehen-Wollen selbst weitergebracht haben; Materialien, die ich für die Arbeit mit Kindern tatsächlich verwendet habe oder Projekten, die mich inspirieren.

LESEN

Kolonialismus & Klimakrise
Über 500 Jahre Widerstand
BUNDjugend, 2021
↗ € bundjugend.de/projekte/locals-united/
kolonialismusundklimakrise

Miese Krise
Alles, was du über den Klimawandel wissen musst
Ann-Sophie Henne, Robin Jüngling,
Annika Le Large, 2024

Blattwerke 15: Wandelmut
Stiftung Kunst und Natur, Museum
Sinclair-Haus, 2022
↗ € kunst-und-natur.de/museum-sinclair-
haus/vermittlung/blattwerke/blattwerke/
blattwerke-15-wandelmut

Juhu! Diese Welt geht unter
transform Verlag, 2023

Das Gute Leben für Alle. Wege in
die solidarische Lebensweise
I.L.A. Kollektiv, 2019
↗ € oekom.de/buch/das-gute-leben-fuer-
alle-9783962380953

Wir können auch anders
Aufbruch in die Welt von morgen
Maja Göpel, Marcus Jauer, 2022

Ökoterroristin
Der Klimawandel wartet nicht bis
du die Schule fertig hast
Ronan Winter, 2020
↗ € oekoterroristin.wordpress.com/
downloads

Klimagefühle
Lea Dohm, Mareike Schulze, 2022

Zukunft für alle
Eine Vision für 2048: gerecht.
ökologisch. machbar
Kai Kuhnhenn, Anne Pinnow, Nina Treu,
Matthias Schmelzer, Konzeptwerk
Neue Ökonomie e.V. (Hrsg.), 2020
↗ € zukunftfueralle.jetzt/buch-zum-
kongress/

Zu spät für Pessimismus
Das FUTURZWEI-Anti-Frust-Buch für alle,
die etwas bewegen wollen
Dana Giesecke, Harald Welzer, 2022

MIT KINDERN

Das ist auch meine Welt.
Wie können wir sie besser machen?
Gerda Raidt, 2021

Unsere Zukunft träumen
Patricia Thoma, 2021

Die besten Weltuntergänge
Andrea Paluch, Annabelle von Sperber,
2021

Nur ein bisschen Wasser
Mariajo Illustrajo, 2022

Ein Baum ist ein Anfang
Nicola Davies, Laura Carlin, 2022

SEHEN

Rise: From One Island to Another
Video mit Gedicht, Kathy Jeṭñil-Kijiner
und Aka Niviâna, 2018
↗ 350.org/de/von-einer-insel-zur-
anderen/#ansehen

ALBATROSS
Chris Jordan, 2013
↗ albatrossthefilm.com

Es trifft uns alle
Videoclip, Germanwatch und Brot
für die Welt

Klimagericht
Videoclip, Germanwatch und Brot
für die Welt

Tomorrow
Die Welt ist voller Lösungen
Cyril Dion, Mélanie Laurent, 2015
↗ tomorrow-derfilm.de

Zeit für Utopien
Kurt Langbein, 2018
↗ zeit-fuer-utopien.com

2040
Wir retten die Welt
Damon Gameau, 2019

HÖREN

klima update°
Podcast
↗ klimareporter.de/klima-update-
podcast

GENERATION KLIMA
Podcast
↗ bundjugend.de/aktuelles/podcast

MACHEN

Foodsharing
https://foodsharing.de

Klimaparlament sämtlicher Wesen
und Unwesen
https://www.klimaparlament.org

Umsonstladen, Tauschbox, Flohmarkt
in deiner Stadt

Repair Café
repaircafe.org/de/

Samentauschbörse
tauschgarten.de

Kleidertausch
↗ kleidertausch.de

Solidarische Landwirtschaft
↗ solidarische-landwirtschaft.org/das-
konzept/was-ist-solawi

Food-Coop
↗ foodcoops.de

Handabdruck
↗ handabdruck.eu

Ökologischer Fußabdruck/
Erdüberlastungstag
Global Footprint Network
↗ footprintcalculator.org/home/de

Wandelplakate zu den Themen
Essen, Klamotten, Müll
↗ jetztrettenwirdiewelt.de/wandelplakate

Blattwerke
Thematische Hefte der Kunstvermittlung
zu allen Ausstellungen; Stiftung Kunst und
Natur, Museum Sinclair-Haus
↗ kunst-und-natur.de/museum-sinclair-
haus/vermittlung/blattwerke

Heute die Umwelt zu respektieren bedeutet für morgen zu sorgen

1693 LESSEBO PAPER

Dieses Buch besteht aus dem umweltfreundlichen Papier Lessebo Design des schwedischen Papierherstellers Lessebo Paper. Es wird aus dem Holz derselben Wälder hergestellt wie schon im Jahr 1693. Auch das für die Produktion verwendete Wasser kommt nach wie vor aus demselben See. Lessebo Paper ist bekannt für seine hochwertigen, vielseitigen und nachhaltigen Produkte, bei deren Herstellung modernste Technologien und Techniken zum Einsatz kommen. Mit dem Lessebo Design-Papier wurde eines der umweltfreundlichsten Papiere der Welt entwickelt, das vollständig biologisch abbaubar und recycelbar ist. Die Energie für die Produktionsstätten stammt ausschließlich aus Biomasse. Der Energieüberschuss versorgt die Haushalte vor Ort mit Fernwärme. Die gesamte Lessebo Design-Kollektion ist FSC-zertifiziert®. Es ist das einzige Papier weltweit, das die strengen Anforderungen erfüllt, um ein Cradle to Cradle Certified® auf Gold-Niveau zu erreichen.

Umwelt Druck Berlin

Nachhaltig Eindruck machen

Umweltdruck Berlin stellt sich der Verantwortung, die Unternehmen bei der Bewältigung des Klimawandels tragen. Als Vorreiter in der nachhaltigen Druckbranche setzen wir bei **Umweltdruck Berlin** auf umweltfreundliche Materialien, ressourcenschonende Produktionsprozesse und den Einsatz erneuerbarer Energien. Wir glauben daran, dass wirtschaftlicher Erfolg und ökologische Verantwortung Hand in Hand gehen müssen. Unser Ziel ist es, gemeinsam mit unseren Kund:innen Lösungen zu entwickeln, die nicht nur höchsten Qualitätsansprüchen gerecht werden, sondern auch einen positiven Beitrag zum Schutz unseres Planeten leisten.

Lena Hällmayer hat Illustration in Hamburg studiert und arbeitet als freie Illustratorin. Sie zeichnet an Buchprojekten, für Magazine oder Trickfilme. Weil sie schon einige Zeit davor auch ein Kunstpädagogik-Studium abgeschlossen hat, entwickelt Lena mit Kompliz*innen außerdem immer wieder neue Projekte im Bereich der Kulturellen Bildung an Museen, Schulen oder Kulturinstitutionen. Dort probiert sie mit Kindern und Jugendlichen beispielsweise aus, wie es ist, im Wald eine Zeichnung zu tanzen, aus 1000 Büchern eine Stadt zu bauen oder sie leitet Fortbildungen für Erwachsene.
Die Zeichnerin lebt mit ihrer Familie mitten in Hamburg. Wann immer sie kann, verbringt sie Zeit mit der Natur und wühlt mit den Händen in Erde.

www.lenahaellmayer.de

DANKE!

Mein besonderer Dank gilt dir, Benny, der du mit mir diese Wege gehst und so vieles selbstverständlich und liebevoll teilst: Zeit, Kraft, Geld, Leben!
Dank an meine Kinder Momo und Bela für das Ertragen meiner Abwesenheiten und das Mitfiebern an diesem Buch.

Dank an Birgit Weyhe für die kontinuierliche Ermutigung und dramaturgische Beratung. Dank auch an meine anderen Atelierkolleg*innen Nele Palmtag, Karin Kröll und Freddie Maria Tetzlaff für Bildkritik, Grafik-Unterstützung und Mittagessen!

Dank an Kristine Preuß für das Verbundensein durch unser gemein sames Engagement zu Klimathemen und Berührbarkeit in der Kulturellen Bildung!

Dank an meine Verlegerin Annette Köhn für das Vertrauen in mich und dieses Buch!

Dank an Elena Tzara, Alina Gregor, Valentin Heyde, Birgit Güde, Hanna Drechsler, Marianne und Heide Hällmayer für Feedback, Inspiration und ausführlichen Gespräche.

Dank an meine erste Klimazeichengruppe: Elena, Hanna, Pauline, Greta, Matilda, Bela, Pavlo, Momo.

Ein ganz herzlicher Dank gilt allen Menschen, die mich darüber hinaus bei der Entstehung dieses Buches auf vielfältige Art unterstützt haben!

IMPRESSUM

AUTORIN
Lena Hällmayer
lenahaellmayer.de

HERAUSGEBER
Jaja Verlag · Annette Köhn · Tellstraße 2 · 12045 Berlin
jajaverlag.com

Erstausgabe
Oktober 2024, Berlin
© Lena Hällmayer & Jaja Verlag
ISBN: 978-3-948904-60-9

PAPIER
Lessebo Design
FSC Certified®
Cradle to Cradle Certified® Gold Status

Lessebo Paper, Schweden
lessebopaper.com

DRUCK & HERSTELLUNG
Umweltdruck Berlin
umweltdruck-berlin.de